Schriften der
Juristischen Studiengesellschaft
Regensburg e.V.

Herausgegeben von
Prof. Dr. Christoph Althammer, Universität Regensburg

Band 48

Alexander Hellgardt

Klimaklagen gegen Private als Regulierungsinstrument

Erweiterte und aktualisierte Fassung des Vortrags, den der Verfasser am 16. Mai 2023 vor der Juristischen Studiengesellschaft Regensburg e.V. gehalten hat

Nomos

C.H.BECK

Onlineversion
Nomos eLibrary

Die Deutsche Nationalbibliothek verzeichnet diese Publikation in der Deutschen Nationalbibliografie; detaillierte bibliografische Daten sind im Internet über http://dnb.d-nb.de abrufbar.

ISBN 978-3-7560-1787-4 (Print)
ISBN 978-3-7489-4462-1 (ePDF)

Die Bände 1–31 sind beim Verlag C. H. Beck, München, erschienen.

1. Auflage 2024
© Nomos Verlagsgesellschaft, Baden-Baden 2024. Gesamtverantwortung für Druck und Herstellung bei der Nomos Verlagsgesellschaft mbH & Co. KG. Alle Rechte, auch die des Nachdrucks von Auszügen, der fotomechanischen Wiedergabe und der Übersetzung, vorbehalten. Gedruckt auf alterungsbeständigem Papier.

Inhaltsverzeichnis

Vorwort		7
I.	Das Phänomen privatrechtliche Klimaklagen	9
II.	Arten von Klimaklagen	13
	1. Rückwärtsgewandt: Klimahaftungsklagen	14
	2. Vorwärtsgewandt: Klimaschutzklagen	17
III.	Grundlagen der Klimaschutzregulierung	19
	1. Klimaschutz als Vorgabe des Verfassungs- und Völkerrechts	19
	2. Klimaschutzinstrumente als gesetzgeberische Entscheidung	21
IV.	Möglichkeiten und Grenzen privatrechtlicher Klimaschutzklagen	23
	1. Klimaschutzgesetze als Schutzgesetze i.S.v. § 823 Abs. 2 BGB	23
	2. Konkrete Gefahren für absolut geschützte Rechtsgüter	24
V.	Verfassungsrechtliche Vorgaben zur Effektuierung privater Klimaschutzklagen	31
	1. Rangverhältnis staatlicher und privater Klimaschutzverantwortung	31
	2. Verstärkung der Regulierungswirkung des Privatrechts bei staatlichem Klimaschutzversagen	32
VI.	Möglichkeiten und Grenzen verfassungsrechtlich effektuierter privater Klimaschutzklagen	37
	1. Das Potential einer mittelbaren Drittwirkung von Art. 20a GG	38
	2. Das Potential einer unmittelbaren Drittwirkung von Art. 20a GG	40
VII.	Fazit	43

Vorwort

Das Thema „Klimaschutz" hat das Privatrecht erreicht. Davon zeugen nicht nur die vielen wissenschaftlichen Tagungen, Veranstaltungen und Vorträge der letzten Jahre. Vielmehr wurden auch vermehrt die Zivilgerichte mit dem Problem beschäftigt. Es ist dabei nur eine Frage der Zeit, wann ein deutsches Instanzgericht ein dem niederländischen Shell-Urteil vergleichbares Signalurteil fällen und damit den Trend nochmals verstärken wird. Ob die Klagen Aussicht auf Erfolg haben, entscheiden aber nicht die Landgerichte, sondern am Ende der Bundesgerichtshof oder sogar das Bundesverfassungsgericht. Dies war der Anlass, eine Bestandsaufnahme der auf eine Verbesserung des zukünftigen Klimaschutzes gerichteten Klagen vorzunehmen. Bei einem Thema, das stark durch Art. 20a GG überformt ist, versteht es sich von selbst, dass auch die verfassungsrechtlichen Rahmenbedingungen einbezogen werden müssen.

Ich danke dem Vorstand der Juristischen Studiengesellschaft Regensburg e.V. für die Einladung zum Vortrag und für die Möglichkeit, diesen hier in einer erweiterten und überarbeiteten Fassung (Stand der rechtlichen Ausführungen und der zitierten Internetquellen: Februar 2024) zu veröffentlichen.

Regensburg, Februar 2024   Alexander Hellgardt

I. Das Phänomen privatrechtliche Klimaklagen

Bereits seit einiger Zeit versuchen Umweltaktivisten, den Staat auf dem Rechtsweg zu mehr Klimaschutz zu zwingen. Besondere Aufmerksamkeit hat insoweit der Klimabeschluss des Bundesverfassungsgerichts vom März 2021[1] erfahren.[2] Klimaklagen gegen Private sind dagegen ein neueres Phänomen. Am 26. Mai 2021 verurteilte die Rechtbank Den Haag den Shell-Konzern dazu, seine CO_2-Emissionen bis zum Jahr 2030 um 45 Prozent gegenüber dem Stand von 2019 zu reduzieren.[3] Dieses Urteil erregte weltweit Aufmerksamkeit und bildete den Startschuss für Klimaklagen gegen Private. Überall wird nun versucht, Privatunternehmen im Wege zivilrechtlicher Klagen zu mehr Klimaschutz zu verpflichten.

In Deutschland haben sich vor allem Greenpeace e.V. und die Deutsche Umwelthilfe e.V. diese Art der „Strategic Litigation"[4] auf die Fahnen geschrieben. Solche Organisationen suchen häufig in einem ersten Schritt nach „Klimaopfern", also Personen, die in besonderer Weise von den Gefahren des Klimawandels betroffen sind oder in Zukunft sein könnten. So hat Greenpeace etwa einen Biobauern aus dem Lipper Land als Kläger gewinnen können, der geltend macht, dass durch den menschengemachten Klimawandel die Existenz seines land- und forstwirtschaftlichen Betriebes bedroht und seine Gesundheit gefährdet sei.[5] Mit Unterstützung der Umweltschutzorganisation erheben die „Klimaopfer" oder teilweise auch die Geschäftsführer der Umweltschutzorganisationen persönlich[6] dann Klage gegen Industrieunternehmen. Ziel der Klagen ist es, konkrete Reduktionen

---

1 BVerfG, Beschl. v. 24.03.2021 – 1 BvR 2656/18, 78, 96, 288/20, BVerfGE 157, 30.
2 Aus jüngerer Zeit siehe OVG Berlin-Brandenburg, Urt. v. 30.11.2023 – 11 A 1/23, NVWZ 2024, 598. Darin verurteilte das Gericht die Bundesregierung dazu, zusätzliche Sofortmaßnahmen zum Klimaschutz in den Sektoren Verkehr und Gebäude zu beschließen.
3 Rechtbank Den Haag, Urt. v. 26.5.2021, Az.: C/09/571932/HA ZA 19-379, ECLI:NL: RBDHA:2021:5339 (englische Übersetzung); eine gekürzte deutsche Übersetzung wurde veröffentlicht in EWeRK 2021, 163.
4 Zu Begriff und Konzept siehe *Graser*, Strategic Litigation – oder: Was man mit der Dritten Gewalt sonst noch so anfangen kann, RW 2019, 317 und den Sammelband *Graser/Helmrich* (Hrsg.), Strategic Litigation: Begriff und Praxis, 2019.
5 Siehe die Sachverhaltsschilderung bei LG Detmold, Urt. v. 24.02.2023 – 1 O 199/21, BeckRS 2023, 2862.
6 Dies ist die Strategie der Deutschen Umwelthilfe e.V.

I. Das Phänomen privatrechtliche Klimaklagen

von CO_2-Emissionen oder andere Maßnahmen wie einen Produktionsstopp für Autos mit Verbrennungsmotor gerichtlich durchzusetzen. Hierzulande wurden solche Klagen insbesondere gegen Autohersteller wie BMW,[7] Mercedes-Benz[8] und Volkswagen[9] erhoben, aber auch gegen den größten deutschen Gas- und Ölproduzenten Wintershall Dea.[10] Die Klagen gegen die Autohersteller wurden erstinstanzlich bereits sämtlich abgewiesen,[11] die gegen Mercedes-Benz und BMW inzwischen auch von der zweiten Instanz, die Nichtzulassungsbeschwerden liegen bei Bundesgerichtshof.

Während die verschiedenen Landgerichte und Oberlandesgerichte also recht schnell darin waren, auf Unterlassung gerichtete Klimaklagen gegen deutsche Autohersteller abzuweisen, ist beim Oberlandesgericht Hamm seit sieben Jahren die Berufung eines peruanischen Landwirts gegen die RWE AG anhängig.[12] Der Landwirt, unterstützt von Germanwatch, verlangt von RWE eine Beteiligung an den Kosten für Schutzmaßnahmen zugunsten seines Anwesens. Dieses liegt am Fuße eines Gletschersees in den Anden, der aufgrund des Klimawandels überzulaufen und sich in das Tal zu ergießen droht. Das Gericht hat eine gigantische Beweisaufnahme beschlossen, für die der Kläger Vorschüsse in Höhe von 320.000 Euro leisten musste.

Die Besonderheit solcher „Strategic Litigation" besteht darin, dass die Klägerseite vor allem öffentliche Aufmerksamkeit erregen will. So verklagt etwa der peruanische Landwirt RWE lediglich auf einen Anteil von 0,47 Prozent der Hochwasserschutzkosten – entsprechend dem RWE-An-

---

7 LG München I, Urt. v. 07.02.2023 – 3 O 12581/21, BeckRS 2023, 2861; die Berufung wurde zurückgewiesen durch OLG München, Urt. v. 12.10.2023 – 32 U 936/23 e, AG 2024, 252.
8 LG Stuttgart, Urt. v. 13.9.2022 – 17 O 789/21, NVwZ 2022, 1663; die Berufung wurde zurückgewiesen durch OLG Stuttgart, Beschl. v. 08.11.2023 – 12 U 170/22, MDR 2024, 38.
9 LG Braunschweig, Urt. v. 14.2.2023 – 6 O 3931/21, KlimR 2023, 88; LG Detmold, Urt. v. 24.02.2023 – 1 O 199/21, BeckRS 2023, 2862.
10 Diese Klage wurde am 04.10.2021 von der Deutschen Umwelthilfe vor dem LG Kassel erhoben, die Klageschrift ist online abrufbar unter https://www.duh.de/fileadmin/user_upload/download/Pressemitteilungen/Energie/Klimaklage_WintershallDea.pdf. Laut einer Pressemitteilung der Deutschen Umwelthilfe sollte am 24. August 2023 eine mündliche Verhandlung stattfinden; vgl. https://www.duh.de/presse/pressemitteilungen/pressemitteilung/landgericht-muenchen-bestaetigt-zulaessigkeit-der-klimaklage-gegen-bmw-klaegerin-und-klaeger-der-deutsch/. Ein Urteil ist soweit ersichtlich noch nicht ergangen.
11 Siehe Nachweise in Fn. 7–9. Dazu *Schmidt-Ahrendts*, Klimaklagen: auf in die 2. Runde!, ZUR 2023, 416.
12 Das Verfahren wird dokumentiert auf der Website https://rwe.climatecase.org/de.

teil an den weltweiten CO_2-Emissionen seit Beginn der Industrialisierung. Es geht also in der Sache um eine Forderung von ca. 20.000 USD,[13] für die eine gigantische Beweisaufnahme mit Gerichtsreisen nach Peru und Sachverständigengutachten betrieben wird. Die Deutsche Umwelthilfe feierte es in einer Pressemitteilung bereits als Erfolg, dass die von ihr unterstützte Klage gegen Mercedes-Benz vom Landgericht Stuttgart für zulässig erklärt wurde.[14]

Vor diesem Hintergrund soll im Folgenden der Frage nachgegangen werden, inwieweit Klimaklagen gegen Privatunternehmen tatsächlich Regulierungsinstrumente sind und nicht nur den Klägern nutzen. Von Regulierung sollte man allerdings nicht bereits dann sprechen, wenn jemand seine privaten Rechte durchsetzt. Andernorts wurde bereits ausführlich begründet, dass Regulierung immer einen Bezug zu öffentlichen Interessen hat.[15] Privatrechtliche Klagen, die dazu dienen, dem Klimaschutz zum Durchbruch zu verhelfen, können daher ohne Weiteres als Regulierungsinstrument gelten. Das setzt aber voraus, dass die Klimaklagen tatsächlich das Potential haben, über den Schutz privater Rechte hinaus Einfluss auf die Entwicklung des Klimas zu nehmen. Einzelne Regulierungsinstrumente stehen zudem in einem größeren Regulierungszusammenhang und müssen aus diesem heraus betrachtet werden. Daher soll zum zweiten untersucht werden, wie sich private Klimaklagen in das Gesamtgefüge staatlicher und privater Klimaschutzregulierung einfügen.

Die Untersuchung ist wie folgt aufgebaut: In einem ersten Schritt werden (unter II.) die Klimaklagen systematisiert. Dann werden (unter III.) die Grundlagen der staatlichen Klimaschutzregulierung skizziert, um anschließend (unter IV.) das Potential des einfachen Zivilrechts zu evaluieren, die öffentlich-rechtliche Klimaschutzregulierung zu ergänzen. Sodann wird (unter V.) die Frage untersucht, ob und unter welche Voraussetzungen von Verfassungs wegen eine Effektuierung privater Klimaschutzklagen geboten ist. Abschließend sollen dann (unter VI.) die Möglichkeiten und Grenzen solcher erweiterter Klimaklagen vermessen werden.

---

13 Vgl. https://rwe.climatecase.org/de/hintergrund, FAQ 2.
14 Abrufbar unter https://www.duh.de/presse/pressemitteilungen/pressemitteilung/lan dgericht-stuttgart-haelt-klimaklage-der-deutschen-umwelthilfe-gegen-mercedes-benz -fuer-zulaessig-ve/.
15 Zum Regulierungsbegriff *Hellgardt*, Regulierung und Privatrecht, 2016, S. 50–55.

II. Arten von Klimaklagen

Wenn im Folgenden die Klimaklagen systematisiert werden, beschränkt sich die Betrachtung auf privatrechtliche Klagen, mit denen Private gegen andere Private vorgehen.[16] Innerhalb der privatrechtlichen Klimaklagen gibt es eine Reihe unterschiedlicher rechtlicher Ansätze. So haben etwa Aktionäre und Aktionärsvereinigungen begonnen, Klagen gegen börsennotierte Großunternehmen mit dem Ziel zu erheben, deren Geschäftspolitik stärker am Klimaschutz auszurichten.[17] Dabei handelt es sich aber letztlich um einen Sonderfall der Abgrenzung von Kompetenzen zwischen Verwaltung und Aktionären. Es geht darum, inwieweit die Aktionäre Einfluss auf Einzelfragen der Geschäftspolitik ihrer Gesellschaft nehmen können. Unabhängig davon, ob diese Klagen in der Sache Aussicht auf Erfolg haben – was aus aktienrechtlichen Gründen sehr zweifelhaft ist, da Aktionärsklagen ein Minderheitenrecht darstelle und grundsätzlich nicht Geschäftsführungsangelegenheiten betreffen dürfen[18] –, handelt es sich um einen Binnenrechtsstreit innerhalb einer juristischen Person. Im Folgenden sollen dagegen solche Klagen im Mittelpunkt stehen, die zwischen unabhängigen Privaten erhoben werden. Dabei geht es naturgemäß vorrangig um außervertragliche Haftung bzw. Verantwortlichkeit.[19] Um die Sache nicht weiter

---

16 Für vergleichende Analysen von Klimaklagen gegen Private und den Staat siehe *Wagner*, Klimaschutz durch Gerichte, NJW 2021, 2256 ff. und *Rodi/Kalis*, Klimaklagen als Instrument des Klimaschutzes, KlimR 2022, 5 ff. Für einen Rechtsprechungsüberblick zu Nachhaltigkeitsklagen auch jenseits der hier behandelten Klimaklagen siehe *Azizi/Dakovic*, Berücksichtigung von Nachhaltigkeitsaspekten durch Zivilgerichte – Grundlagen, Anknüpfungspunkte und Beispiele aus der Rechtsprechung, KlimR 2023, 234, 238 f.

17 Entsprechende Klagen wurden bislang vor allem in England erhoben; dazu und zur Übertragbarkeit auf das deutsche Aktienrecht *Fleischer*, Klimaklagen gegen Vorstandsmitglieder – Englische Fälle und deutsches Recht, AG 2023, 833 ff. Allgemein zur „Say on Climate"-Initiativen im deutschen Aktienrecht *Sanders*, Say on Climate Beschlüsse von Hauptversammlungen – und die (grüne) Zukunft des Aktienrechts, in: Gesellschaftsrechtliche Vereinigung (Hrsg.), Gesellschaftsrecht in der Diskussion 2022, 2023, S. 59 ff.

18 *Fleischer*, AG 2023, 833, 837 f.; *Weller/Fischer*, ESG-Geschäftsleitungspflichten – Unternehmenstransformation zur Klimaneutralität, ZIP 2022, 2253, 2262 f.

19 Zum Vertragsrecht als Instrument des Klimaschutzes siehe *Hellgardt*, Klimaschutz und Vertragsrecht, in: P. Hellwege/D. Wolff (Hrsg.), Klimakrisenrecht, 2024, S. 317 ff.

II. Arten von Klimaklagen

zu verkomplizieren, werden im Folgenden Fragen des anwendbaren Rechts und der internationalen Zuständigkeit ausgeblendet und unterstellt, dass deutsches Recht Anwendung findet und ein deutsches Gericht international zuständig ist.[20]

Innerhalb der privatrechtlichen Klimaklagen zwischen unabhängigen Privaten lassen sich grob zwei Gruppen bilden: Rückwärtsgewandte (dazu unter 1.) und vorwärtsgewandte Klimaklagen (dazu unter 2.).

1. Rückwärtsgewandt: Klimahaftungsklagen

Rückwärtsgewandte Klimaklagen werden so genannt, weil sie sich auf CO_2-Emissionen beziehen, die in der Vergangenheit liegen.[21] Seit dem Beginn der Industrialisierung ist ein Anstieg solcher Emissionen zu beobachten, der im Laufe der letzten 250 Jahre zu dem Phänomen des menschengemachten Klimawandels geführt hat.[22] Rückwärtsgewandte Klimaklagen versuchen, große Emittenten der Vergangenheit für ihren Beitrag zum bereits eingetretenen und sich stetig weiter entwickelnden Klimawandel haftbar zu machen. Deshalb werden solche Klagen auch als Klimahaftungsklagen[23] bezeichnet.

Die Inanspruchnahme von RWE durch einen peruanischen Landwirt ist das Musterbeispiel für eine solche Klage.[24] Dabei macht der Landwirt geltend, dass die bereits erfolgten CO_2-Emissionen einen Prozess in Gang

---

20 Dies ist eine plausible Annahme, weil sowohl im IZVR als auch im IPR Zuständigkeit und anwendbares Recht am Sitz des Beklagten als auch am Erfolgsort anknüpfen können; siehe *Kieninger*, Klimaklagen im internationalen und deutschen Privatrecht, ZHR 187 (2023), 348, 354–358; ausführlich zur Frage des anwendbaren Rechts und der internationalen Zuständigkeit *dies.*, Das internationale Privat- und Verfahrensrecht der Klimahaftung, IPRax 2022, 1 ff.; *Lehmann/Eichel*, Globaler Klimawandel und Internationales Privatrecht, RabelsZ 83 (2019), 77 ff. Für einen Überblick über die Debatte im Bereich des common law (mit vielen Parallelen zur hiesigen Debatte) siehe *Bookman*, Catalytic Climate Litigation: Rights and Statutes, Oxford Journal of Legal Studies 43 (2023), 598 ff.
21 *Schirmer*, Haftung für künftige Klimaschäden, NJW 2023, 113.
22 *IPCC*, Climate Change 2021: The Physical Science Basis (IPCC AR6 WGI), 2021, SPM-5. Die hier zugrunde gelegten Informationen zum Klimawandel stammen vom Intergovernmental Panel on Climate Change (IPCC), dem Zwischenstaatlichen Ausschuss für Klimaänderungen. Zu dessen Entstehung und Arbeitsweise siehe ausführlich BVerfGE 157, 30, 50 ff.
23 Monografisch *Pöttker*, Klimahaftungsrecht, 2014.
24 Siehe Nachweis in Fn. 12.

gesetzt haben, der mit hoher Wahrscheinlichkeit den Gletschersee oberhalb seines Anwesens in den Anden zum Überlaufen bringen wird, was dann den Grundbesitz des Klägers einer enormen Wasserflut aussetzen wird. Er verlangt deshalb Aufwendungsersatz für Schutzmaßnahmen, die die Gemeinde vorgenommen hat. Obwohl es also um eine noch nicht eingetretene Gefahr geht, ist Grundlage der Klage der Umstand, dass RWE mit einem Anteil von 0,47 % zu den weltweit größten CO_2-Emittenten gehört und nach wissenschaftlichen Berechnungen für 0,321 % der bisher durch den Klimawandel verursachten Erderwärmung verantwortlich ist.[25] Ziel der Klage ist es also nicht, RWE dazu zu bringen, in Zukunft seine Emissionen zu reduzieren. Es geht vielmehr darum, die in Zukunft zu erwartenden Schäden vergangenen Tuns durch Gegenmaßnahmen abzumildern.

Solche rückwärtsgewandten Klimaklagen müssen zwei wesentliche Interessen in einen Ausgleich bringen: Auf der einen Seite stehen die Schäden und Präventionskosten unschuldiger Klimaopfer insbesondere in Entwicklungs- und Schwellenländern, aber nicht nur dort – man denke etwa an die gigantischen Schäden, die das Ahrtalhochwasser verursacht hat.[26] Auf der anderen Seite steht der Vertrauensgrundsatz, der als Korrelat zur Rechtssicherheit[27] angesehen und somit als Ausfluss des Rechtsstaatsprinzips (Art. 20 Abs. 3 GG) begründet werden kann.[28] Danach können sich Industrieunternehmen grundsätzlich darauf verlassen, dass sie für ihre

---

25 Zu den Hintergründen der Kausalitätsbegründung siehe *Schirmer*, Klimahaftung und Kausalität – und es geht doch!, JZ 2021, 1099, 1100.
26 Das Ahrtalhochwasser gilt als das kostenträchtigste Einzelereignis der deutschen Nachkriegsgeschichte und verursachte geschätzte Gesamtschäden in Höhe von 40,5 Milliarden Euro; vgl. *Trenczek/Lühr/Eiserbeck/Leuschner*, Schäden der Sturzfluten und Überschwemmungen im Juli 2021 in Deutschland, Studie im Auftrag des Bundesministerium für Wirtschaft und Klimaschutz, 2022, abrufbar unter https://www.prognos.com/sites/default/files/2022-07/Prognos_KlimawandelfolgenDeutschland_Detailuntersuchung%20Flut_AP2_3b_.pdf.
27 Vertiefend zum Verhältnis von Rechtssicherheit und Vertrauensgrundsatz *von Arnauld*, Rechtssicherheit, 2006, S. 150–161.
28 *Grzeszick*, in: Dürig/Herzog/Scholz (Hrsg.), GG, Stand: 103. EL 2024, Art. 20 VII. Rn. 69 m.w.N. Bei der Auslegung und Anwendung existierender Gesetze durch die Rechtsprechung gilt der Vertrauensgrundsatz nach ständiger Rechtsprechung des Bundesverfassungsgerichts aber nicht, BVerfG, Beschl. v. 11.11.1964 – 1 BvR 488/62, 1 BvR 562/63, 1 BvR 216/64, BVerfGE 18, 224, 240; BVerfG, Beschl. v. 19.02.1975 – 1 BvR 418/71, BVerfGE 38, 386, 397; BVerfG, Beschl. v. 16.12.1981 – 1 BvR 898, 1132, 1150, 1333, 1181/79, 83, 416/80, 1117/79, 603/80, BVerfGE 59, 128, 165; BVerfG, Beschl. v. 26.06.1991 – 1 BvR 779/85, BVerfGE 84, 212, 227; BVerfG, Beschl. v. 03.11.1992 – 1 BvR 1243/88, BVerfGE 87, 273, 278; BVerfG, Beschl. v. 21.07.2010 – 1 BvR 2530/05, 1 BvL 11, 12, 13/06, BVerfGE 126, 369, 395. Deshalb ist das Vertrauen darauf, die

II. Arten von Klimaklagen

Tätigkeiten nicht haftbar gemacht werden, wenn sich diese im Rahmen des gesetzlich Zulässigen bewegen. Insoweit existiert allerdings kein Automatismus.[29] So kann eine Handlung, die öffentlich-rechtlichen Sicherheitsanforderungen entspricht, im Einzelfall durchaus pflichtwidrig im Sinne des Deliktsrechts sein.[30] Bei rückwärtsgewandten Klimaklagen geht es aber nicht um zusätzliche Sicherheitsmaßnahmen im Einzelfall, sondern darum, dass unsere Gesellschaft es jahrhundertelang explizit gefördert hat und noch heute gesetzlich zulässt, dass beim Betrieb von Fabriken, Autos usw. in erheblichem Ausmaß CO_2 ausgestoßen wird. Dieser Grundtatbestand kann daher kaum eine allgemeine deliktsrechtliche Haftung begründen.[31] Der notwendige Ausgleich von Klimaschäden und Anpassungskosten sollte deshalb eher durch Fondslösungen – durchaus unter Beteiligung der Privatwirtschaft – erfolgen.[32] Zivilrechtliche Haftungsansprüche gegen einzelne Unternehmen führen dagegen eher zu arbiträren Umverteilungen.

Letztlich kommt es im vorliegenden Zusammenhang darauf aber nicht entscheidend an. Vielmehr ist zu konstatieren, dass rückwärtsgewandte Klimahaftungsklagen nicht das Potential haben, Auswirkungen auf das Klima als solches zu entfalten. Sie zielen nicht darauf ab, *zukünftiges* Verhalten zu verändern, sondern bewirken einen umverteilenden Ausgleich bereits dem Grunde nach entstandener Vermögensnachteile. Deshalb sind Klimahaftungsklagen keine Regulierungsinstrumente im hier untersuchten Sinne.[33]

Zivilrechtsprechung werde ein bestimmtes Verhalten (auch weiterhin) nicht als verkehrspflichtwidrig einstufen, grundsätzlich nicht schutzwürdig.
29 Monographisch *Wagner*, Öffentlich-rechtliche Genehmigung und zivilrechtliche Rechtswidrigkeit, 1989. Aus aktueller Perspektive *Wagner*, in: MünchKomm. BGB, 9. Aufl. 2024, § 823 Rn. 79–81.
30 Siehe nur *Spindler*, in: BeckOGK BGB, Stand: 01.12.2023, § 823 Rn. 90–93, 434–442; *Wagner*, in: MünchKomm. BGB, 9. Aufl. 2024, § 823 Rn. 552–554 jeweils m.w.N.
31 Vgl. *Wagner*, Klimahaftung vor Gericht, 2020, S. 72–76.
32 So wurde auf der COP28 in Dubai im Dezember 2023 die Einrichtung eines internationalen Fonds für die Schäden des Klimawandels beschlossen; https://unfccc.int/news/cop28-agreement-signals-beginning-of-the-end-of-the-fossil-fuel-era.
33 Sofern Umverteilung das Regulierungsziel ist, kommt das Privatrecht im rein nationalen Kontext durchaus als Regulierungsinstrument in Betracht; vgl. *Hellgardt* (Fn. 15), S. 511–516. Im internationalen Kontext, wo es um Zuteilungen an Staaten und Weiterverteilung durch diese geht, stößt privatrechtliche Haftung aber an Grenzen. In dieser Konstellation sind wesentlich politische Entscheidungen gefragt, die jedenfalls nicht von Gerichten anderer Staaten sinnvoll getroffen werden können. Siehe dazu auch noch unten VI.2.

2. Vorwärtsgewandt: Klimaschutzklagen

Demgegenüber sind vorwärtsgewandte Klimaklagen darauf gerichtet, das Ausmaß zukünftiger CO_2-Emissionen zu reduzieren. Daher werden solche Klagen auch als Klimaschutzklagen bezeichnet.[34] Adressat einer solchen Klimaschutzklage kann grundsätzlich jeder sein, der zum CO_2-Ausstoß beiträgt. Diese Klagen sind in der Sache nicht auf Schadensersatz für eingetretene Schäden oder Aufwendungsersatz für notwendige Schutz- oder Anpassungsmaßnahmen gerichtet. Es handelt sich vielmehr um Unterlassungsklagen. In der Praxis wird einerseits – nach dem Vorbild der Shell-Klage – eine Begrenzung des CO_2-Budgets einzelner großer Emittenten angestrebt.[35] Die Deutsche Umwelthilfe hat detaillierte Berechnungen veröffentlicht, aus denen sich ergeben soll, dass etwa die Firma Wintershall Dea ab dem 1. Januar 2021 nur noch so viel Erdgas und Erdöl fördern dürfe, dass deren Verbrennung insgesamt 0,93 Gigatonnen CO_2 freisetzt.[36] Andererseits wird die Unterlassung konkreter klimabelastender Tätigkeiten eingeklagt. So sollen etwa Autohersteller wie BMW bereits ab November 2030 nur noch klimaneutrale Kraftfahrzeuge neu auf den Markt bringen dürfen.[37] Dies ist insbesondere deshalb bemerkenswert, weil eine entsprechende EU-Verordnung zum Zeitpunkt der Klageerhebung noch gar nicht beschlossen war und in ihrer nun verabschiedeten Form eine solche Vorgabe erst ab dem Jahr 2035 macht.[38] Im Ergebnis versuchen privatrechtliche Klimaschutzklagen daher, von privatwirtschaftlichen Unternehmen ein Verhalten einzufordern, das weit über das hinausreicht, was öffentlich-rechtliche Klimaschutzgesetze verlangen.

---

34 *Rodi/Kalis*, KlimR 2022, 5, 6. *Schirmer*, NJW 2023, 113 spricht demgegenüber von vorwärtsgewandten Klimahaftungsklagen, *Abel*, Zukunftsgerichtete zivilrechtliche Klimaklagen und Grundgesetz, NJW 2023, 2305 von zukunftsgerichteten Klimaklagen.
35 *Verheyen*, Klagen für Klimaschutz, ZRP 2021, 133, 134.
36 https://www.duh.de/fileadmin/user_upload/download/Projektinformation/Klimaschutz/Unternehmensklagen/Budgetberechnung_WintershallDea.pdf.
37 Vgl. LG München I BeckRS 2023, 2861 Rn. 30.
38 Vgl. Art. 1 Abs. 5a Verordnung (EU) 2019/631 des Europäischen Parlaments und des Rates vom 17. April 2019 zur Festsetzung von CO 2 -Emissionsnormen für neue Personenkraftwagen und für neue leichte Nutzfahrzeuge und zur Aufhebung der Verordnungen (EG) Nr. 443/2009 und (EU) Nr. 510/2011, ABl. EU Nr. L 111, S. 13. Absatz 5a wurde in Artikel 1 eingefügt durch Änderungsverordnung (EU) 2023/851 vom 19. April 2023, ABl. EU Nr. L 110, S. 5. Die Klageschrift der Deutschen Umwelthilfe gegen BMW datiert dagegen bereits vom 21. September 2021.

II. Arten von Klimaklagen

Unabhängig davon, wie man (rechts-)politisch dazu steht, sind vorwärtsgewandte Klimaschutzklagen ein Musterbeispiel für Regulierung durch Privatrecht. Private Rechte bilden nur den Aufhänger dafür, öffentliche Interessen durchzusetzen.[39] Wenn solche Klimaschutzklagen tatsächlich in letzter Instanz erfolgreich sein sollten, hätten sie – anders als Klimahaftungsklagen – das Potential, positive Auswirkungen auf das Klima zu entfalten. Daher werden in der restlichen Abhandlung schwerpunktmäßig solche Klimaschutzklagen behandelt.

---

39 Zum Regulierungsbegriff siehe oben Haupttext bei und Nachweis in Fn. 15.

III. Grundlagen der Klimaschutzregulierung

Klimaschutzklagen sind zwar ein relativ neues Phänomen. Allerdings bewegen sie sich keineswegs im luftleeren Raum, sondern ergänzen den vorhandenen regulatorischen Werkzeugkasten im Klimaschutzbereich. Um Klimaschutzklagen richtig bewerten zu können, ist es daher notwendig, sich zunächst der Grundlagen der Klimaschutzregulierung zu vergewissern.

Dazu sollen als erstes (unter 1.) die Regulierungsziele des Klimaschutzes in den Blick genommen werden. In einem zweiten Schritt geht es dann (unter 2.) darum, mit welchen Regulierungsinstrumenten der Gesetzgeber diese Ziele bislang verfolgt.[40]

1. Klimaschutz als Vorgabe des Verfassungs- und Völkerrechts

Unter Regulierung soll hier der Einsatz von Recht als staatliches Steuerungsinstrument, das auf die Implementierung von Allgemeinwohlbelangen gerichtet ist, verstanden werden.[41] Regulierungsziele sind daher solche, die Gemeinwohlinteressen, im Gegensatz zu (reinen) Privatinteressen gesetzlich implementieren. In einem demokratischen Rechtsstaat wird der Inhalt des Gemeinwohls – also im vorliegenden Zusammenhang die Regulierungsziele – dabei nicht aus feststehenden Prinzipien deduziert, sondern im Sinne eines offenen Gemeinwohlbegriffs im politischen Willensbildungsprozess gewonnen.[42] Dabei kommt insbesondere dem parlamentarischen Gesetzgeber die Aufgabe zu, konkrete Gemeinwohlbelange als Regulierungsziele zu definieren. Trotzdem gibt es eine Reihe von Regulierungszielen, die auch dem einfachen Gesetzgeber durch die Verfassung

---

40 Zur Konzeption von Regulierungszielen und Regulierungsinstrumenten siehe *Hellgardt* (Fn. 15), S. 438–449 und 449–492.
41 *Hellgardt* (Fn. 15), S. 50.
42 Einführend *Isensee*, Gemeinwohl im Verfassungsstaat, in: Isensee/Kirchhof, Handbuch des Staatsrechts, Bd. IV, 3. Aufl. 2006, § 71. Speziell zum offenen Gemeinwohlbegriff *Engel*, Offene Gemeinwohldefinitionen, RTh 32 (2001) 23 ff.

III. Grundlagen der Klimaschutzregulierung

vorgegeben sind. Eines davon ist der Klimaschutz als Teil des Schutzes der natürlichen Lebensgrundlagen.[43]

Den deutschen Staat trifft von Verfassungs wegen eine originäre Klimaschutzverantwortung auf Grundlage von Art. 20a GG. Danach schützt der Staat auch in Verantwortung für die künftigen Generationen die natürlichen Lebensgrundlagen. Art. 20a GG hat zwar zunächst nur einen Rahmencharakter.[44] Dieser weite Rahmen wurde allerdings wesentlich verengt, als das Bundesverfassungsgericht in seinem Klimabeschluss von März 2021 die Reduktionsziele des Pariser Abkommens als „verfassungsrechtlich maßgebliche Konkretisierung" des Art. 20a GG faktisch in den Rang von Verfassungsrecht erhoben hat.[45] Nunmehr sind Gesetzgeber, Exekutive und Rechtsprechung nicht nur irgendwie zum Klimaschutz verpflichtet, sondern müssen die Ziele des Pariser Abkommens vom 12. Dezember 2015[46] erreichen. Darin haben sich die Vertragsstaaten verpflichtet, den Anstieg der globalen Durchschnittstemperatur auf deutlich unter 2 Grad Celsius und möglichst auf 1,5 Grad Celsius gegenüber dem vorindustriellen Niveau zu begrenzen. Das Bundesverfassungsgericht hat aus diesen Globalvorgaben ein für Deutschland ab dem Jahr 2020 noch zur Verfügung stehendes Restbudget an CO_2-Emissionen von 6,7 Gigatonnen abgeleitet.[47] Dies ist ein Detaillierungsgrad, der für Staatszielbestimmungen ungewöhnlich ist. Es handelt sich um den seltenen Fall, dass schon das Verfassungsrecht ein konkretes Regulierungsziel vorgibt und dem einfachen Gesetzgeber lediglich die Wahl der Regulierungsinstrumente überlässt.

Die Umsetzung des Globalziels „Klimaschutz" geschieht zweistufig: Auf der ersten Stufe hat der Bundesgesetzgeber im Jahr 2019 das Klimaschutzgesetz erlassen und in § 3 KSG nationale Klimaschutzziele formuliert, denen zufolge Deutschland bis zu den Jahren 2030 und 2040 jeweils erhebliche Einsparungen an Treibhausgasen und zum Jahr 2045 Treibhausgasneutralität erreichen soll. Diese generellen Vorgaben werden in § 4 KSG auf

---

43 Zur Offenheit der Verfassung und ihrer Begrenzung durch das Staatsziel des Art. 20a GG siehe *Calliess*, in: Dürig/Herzog/Scholz (Hrsg.), GG, Stand: 103. EL 2024, Art. 20a Rn. 3 f.
44 Vgl. BVerfG, Beschl. v. 13.03.2007 – 1 BvF 1/05, BVerfGE 118, 79, 110: „Art. 20a GG verpflichtet den Gesetzgeber, den in Art. 20a GG enthaltenen Auftrag bei der Rechtssetzung umzusetzen und geeignete Umweltschutzvorschriften zu erlassen. Dabei steht dem Gesetzgeber ein weiter Gestaltungsspielraum zu."
45 BVerfGE 157, 30, 145.
46 UNTS No. 54113, https://treaties.un.org/Pages/ViewDetails.aspx?src=TREATY&mtdsg_no=XXVII-7-d&chapter=27&clang=_en.
47 BVerfGE 157, 30, 158.

sechs Sektoren heruntergebrochen, denen jeweils jahrgenaue eigene Reduktionsvorgaben gemacht werden, im Jahr 2021 wurden in § 3a KSG generelle Reduktionsvorgaben für den Sektor Landnutzung, Landnutzungsänderung und Forstwirtschaft hinzugefügt. In einem zweiten Schritt müssen gemäß § 4 Abs. 4 KSG die Bundesministerien dann Gesetzentwürfe vorlegen, mit denen die von ihnen verantworteten Sektoren – etwa Energiewirtschaft, Gebäude oder Verkehr – so reguliert werden, dass sie die jeweils vorgegebenen Einsparziele erreichen. Wenn der Gesetzgeber diese Gesetze dann verabschiedet, werden dadurch konkrete Regulierungsinstrumente geschaffen.

2. Klimaschutzinstrumente als gesetzgeberische Entscheidung

Durch die vom Gesetzgeber erlassenen Klimaschutzgesetze werden auch Private auf das Regulierungsziel des Klimaschutzes verpflichtet. Durch die gesetzliche Überwälzung der Klimaschutzziele auf Private ändert sich allerdings deren Inhalt. Die *staatliche* Klimaschutzverantwortung ist darauf gerichtet, einen bestimmten *Zustand* zu erreichen, nämlich die Begrenzung der Erderwärmung auf deutlich unter 2 Grad Celsius nach den Vorgaben des Pariser Abkommens. Die einfachgesetzlichen *privaten* Klimaschutzziele verlangen dagegen zumeist die Vornahme oder Unterlassung bestimmter *Handlungen*. Es sollen mehr Windräder und Elektrofahrzeugladestationen gebaut werden und die Menschen sollen keine Gasheizungen oder Autos mit Verbrennungsmotor kaufen.

Dies bewirkt eine gewisse Entkopplung der einfachgesetzlichen Regulierungsziele von der staatlichen Klimaschutzverantwortung. So ist es denkbar und sogar überaus wahrscheinlich, dass das Zustandsziel des Pariser Übereinkommens selbst dann nicht erreicht wird, wenn die Privaten den gesetzlichen Regulierungszielen vollauf gerecht werden, also alle Handlungen vornehmen oder unterlassen, die die Gesetze von ihnen fordern. Dabei geht es nicht darum, dass der Klimawandel ein globales Phänomen ist und die Pariser Ziele ohnehin nur bei einem Zusammenwirken aller großen Industrienationen zu erreichen wären.[48] Vielmehr ist es ein grundsätzliches regulierungstheoretisches Problem, dass Zustandsziele (1,5 Grad Celsius)

---

48 Dazu *Wagner*, NJW 2021, 2256, 2257 f. m.w.N.

III. Grundlagen der Klimaschutzregulierung

sich niemals eins zu eins in Handlungsziele (mehr Wärmepumpen, weniger Verbrennungsmotoren) übersetzen lassen.[49]

Es ist eine immanent politische Entscheidung, welche Regulierungsinstrumente der Gesetzgeber einsetzt. Dabei geht es zunächst darum, wer in die Pflicht genommen werden soll. So zeigen Berechnungen, dass sich mit einem Tempolimit von 100 km/h auf deutschen Autobahnen ab dem ersten Tag die CO_2-Emissionen des Verkehrssektors signifikant reduzieren ließen.[50] In der derzeitigen Regierungskoalition auf Bundesebene gibt es aber einen Partner, für den der Schutz von Autofahrern einen überragenden politischen Stellenwert besitzt.[51] Allerdings hätte auch ein Weiterbetrieb der Atomkraftwerke den CO_2-Ausstoß des Energiesektors erheblich senken können.[52] Hier sind jeweils schwierige politische Abwägungen zu treffen. Genuin politisch ist zudem die Frage, welche Instrumente zum Einsatz kommen. Reicht es aus, durch eine umfangreiche ESG-Regulierung (also eine Verpflichtung von börsennotierten Unternehmen und institutionellen Anlegern auf Belange des Umwelt- und Sozialschutzes) den Kapitalmarkt zum Werkzeug der grünen Transformation zu machen?[53] Brauchen wir ergänzend Subventionen, etwa für E-Autos, Wärmepumpen und Photovoltaik-Anlagen? Oder kommen wir nicht um strikte Verbote herum? Dies sind Fragen, die die Tagespolitik dominieren. Nicht umsonst hat die Klimapolitik trotz Corona und Ukraine-Krieg stets ihre Topposition in den Nachrichten behauptet.

---

49 Vgl. *Hellgardt* (Fn. 15), S. 566 f.
50 Siehe Berechnungen der Deutschen Umwelthilfe, https://www.duh.de/fileadmin/user_upload/download/Projektinformation/Verkehr/2019_Tempolimit/2023-01-27_Infopapier_Berechnung_Tempolimit.pdf. Demnach ließen sich durch ein Tempolimit von 100 km/h auf deutschen Autobahnen pro Jahr 9,6 Millionen Tonnen CO_2 einsparen.
51 FDP lehnt generelles Tempolimit ab, 13.07.2021, https://www.fdp.de/fdp-lehnt-generelles-tempolimit-ab.
52 Studie: 15 Millionen Tonnen mehr CO2 mit AKW-Abschaltung, 14.04.2023, https://www.sueddeutsche.de/wissen/atom-studie-15-millionen-tonnen-mehr-co2-mit-akw-abschaltung-dpa.urn-newsml-dpa-com-20090101-230414-99-308236.
53 Siehe dazu nur *Schön*, „Nachhaltigkeit" in der Unternehmensberichterstattung, ZfPW 2022, 207 ff.

IV. Möglichkeiten und Grenzen privatrechtlicher Klimaschutzklagen

Der Rückgriff auf das Privatrecht scheint einen einfachen Ausweg aus dem politischen Streit über die richtigen Wege und Mittel des Klimaschutzes zu versprechen. Während die spezialgesetzlichen Regulierungsinstrumente zumeist auf bestimmte Handlungen bezogen sind, knüpfen die Instrumente des allgemeinen Privatrechts an einen aktuellen oder drohenden Schädigungserfolg an. Sie können damit auch Bereiche erfassen, die keiner spezialgesetzlichen Regulierung unterliegen und scheinen insoweit von den Klimaschutzgesetzen unabhängig zu sein. Daneben kann auch die drohende Verletzung öffentlich-rechtlicher Handlungspflichten privatrechtliche Abwehransprüche begründen. Wenn man ins Detail geht, zeigt sich aber, dass das Privatrecht kein staatsfernes, unabhängiges Gebilde ist, wie man sich das im 19. Jahrhundert vorgestellt hat.[54] Es gibt vielmehr vielfältige Verknüpfungen zum öffentlichen Recht, die wiederum die scheinbar großen Möglichkeiten eines privatrechtlichen Klimaschutzes begrenzen.

1. Klimaschutzgesetze als Schutzgesetze i.S.v. § 823 Abs. 2 BGB

Die Begrenzung des privatrechtlichen Klimaschutzes durch das Öffentliche Recht tritt offen zu Tage, wenn es darum geht, zivilrechtliche Unterlassungsansprüche auf öffentlich-rechtliche Klimaschutzgesetze zu stützen. Hier kann die Rechtsdurchsetzung schon definitionsgemäß nicht weiterreichen als die Pflichten des Öffentlichen Rechts, deren Verletzung geltend gemacht wird. Allerdings können zusätzliche zivilrechtliche Unterlassungsansprüche in vielen Fällen eine große Effektuierung der Rechtsdurchsetzung bewirken.[55]

---

54 Vgl. *Grimm*, Zur politischen Funktion der Trennung von öffentlichem und privatem Recht in Deutschland, in: ders., Recht und Staat in der bürgerlichen Gesellschaft, 1987, S. 84 ff.
55 Allgemein zur Mobilisierung Privater als Ausgleich für Rechtsdurchsetzungsdefizite im Öffentlichen Recht siehe *Poelzig*, Normdurchsetzung durch Privatrecht, 2012, S. 439 ff., speziell zu Unterlassungsansprüchen, siehe ebd., S. 471 ff.

IV. Möglichkeiten und Grenzen privatrechtlicher Klimaschutzklagen

Die Möglichkeiten zur zivilrechtlichen Durchsetzung von Klimagesetzen sind jedoch stark beschränkt. Zwar können öffentlich-rechtliche Gesetze auch Unterlassungsansprüche analog § 1004 BGB begründen. Das setzt aber voraus, dass es sich um Schutzgesetze i.S.v. § 823 Abs. 2 BGB handelt.[56] Ob dies der Fall ist, muss durch Auslegung des Klimaschutzgesetzes ermittelt werden. Dazu muss der Gesetzgeber beabsichtigt haben, Einzelpersonen oder bestimmten Personenkreisen gerade einen zivilrechtlichen Rechtsschutz zu gewähren.[57] Ein Gesetz, das alle Menschen schützt, sondert keinen konkreten Personenkreis als Schutzadressaten aus und soll daher kein Schutzgesetz sein können.[58] Der Bundesgerichtshof ist hier sehr restriktiv. Selbst die Anwohner einer aus Luftschutzgründen erlassenen LKW-Durchfahrtverbotszone seien durch diese nicht individuell geschützt und hätten daher kein Recht, Unterlassungsansprüche gegen eine regelmäßig gegen das Verbot verstoßende Spedition geltend zu machen.[59]

Das Potential zivilrechtlicher Klimaschutzklagen auf Grundlage des Öffentlichen Rechts ist daher äußerst begrenzt.

2. Konkrete Gefahren für absolut geschützte Rechtsgüter

Anders sieht es auf den ersten Blick aus, wenn es um absolut geschützte Rechtsgüter geht. Drohen diesen konkrete Gefahren, kann das einen vorbeugenden Unterlassungsanspruch analog § 1004 Abs. 1 Satz 2 BGB begründen.[60] Allerdings schützt das Zivilrecht nach deutschem Verständnis allein

---

56 Siehe nur *Raff*, in: MünchKomm. BGB, 9. Aufl. 2023, § 1004 Rn. 41; *Thole*, in: Staudinger, BGB, 2023, § 1004 Rn. 7; *Wagner*, in: MünchKomm. BGB, 9. Aufl. 2023, vor § 823 Rn. 42.
57 Allgemein zu den Voraussetzungen der Schutzgesetzeigenschaft siehe nur *Wagner*, in: MünchKomm. BGB, 9. Aufl. 2023, § 823 Rn. 611–625 m.w.N.
58 Vgl. BGH, Urt. v. 13.3.2018 – VI ZR 143/17, BGHZ 218, 96, 104: Es gehe darum, ob der Gesetzgeber gerade einen Rechtsschutz „zugunsten von Einzelpersonen oder bestimmten Personenkreisen gewollt oder doch mit gewollt hat."
59 BGH, Urt. v. 14.6.2022 – VI ZR 110/21, NJW 2022, 3156, 3158: „Im Streitfall wurde das Lkw-Durchfahrtverbot nicht für bestimmte Straßen zur Reduzierung der die dortigen Anlieger beeinträchtigenden Schadstoffkonzentrationen, sondern grundsätzlich für das gesamte Stadtgebiet angeordnet, um allgemein die Luftqualität zu verbessern und der Überschreitung von Immissionsgrenzwerten entgegenzuwirken. Die Kl. sind insoweit nur als Teil der Allgemeinheit begünstigt. Bereits dies spricht gegen die Annahme, ein Schutz von Einzelinteressen in der von den Kl. begehrten Weise sei Intention des streitgegenständlichen Lkw-Durchfahrtverbots."
60 Siehe Nachweise in Fn. 56.

private Rechtsgüter und Rechte. Ein nicht explizit in § 823 Abs. 1 BGB erwähntes sonstiges Recht genießt nur dann zivilrechtlichen Schutz gegenüber jedermann, wenn es eine Zuordnungs- und Ausschlussfunktion aufweist.[61] *Gemeinschaftsgüter* wie das Klima, saubere Luft oder der Naturgenuss sind aber keiner Person exklusiv und unter Ausschluss der anderen zugewiesen und begründen deshalb keine zivilrechtlichen Abwehransprüche.[62] Damit erfordert die privatrechtliche Rechtsdurchsetzung von Klimaschutzbelangen, dass der Kläger die konkret drohende Verletzung eigener Individualrechte, etwa seiner Gesundheit oder seines Eigentums, geltend machen kann. Dies ist der Grund, weshalb Umweltschutzorganisationen teilweise „Klimaopfer" als Kläger suchen.

Sind einmal privatrechtlich geschützte Rechtsgüter identifiziert, denen konkrete Gefahren durch den Klimawandel drohen, muss aber auch die Störereigenschaft des auf Unterlassung in Anspruch genommenen CO_2-Emittenten nachgewiesen werden. Nach h.M. ist jeder Handlungsstörer, dessen Verhalten die Rechtsgutsbeeinträchtigung kausal verursacht.[63] Für einen vorbeugenden Unterlassungsanspruch, der darauf abzielt, eine noch nicht eingetretene Beeinträchtigung zu verhindern, muss daher gezeigt werden, dass die Handlungen des in Anspruch Genommenen mit an Sicherheit grenzenden Wahrscheinlichkeit zu einer Rechtsverletzung beim Anspruchsteller führen werden, wobei im Rahmen der negatorischen Haftung nach h.M. die Adäquanztheorie gilt,[64] so dass gänzlich unwahrscheinliche Kausalverläufe im Sinne einer „Filterfunktion" ausgeschieden werden.[65]

Auf den ersten Blick mag man sich an bekannte Fallgruppen der Eigentumsbeeinträchtigung durch Immissionen erinnert fühlen. Die durch den Klimawandel verursachten Gefahren beruhen aber nicht darauf, dass die emittierten Treibhausgase zu einer direkten Schädigung von Rechtsgütern führen, sondern sind anderer Natur. Hier geht es um die Folgen der *globa-*

---

61 *Hager*, in: Staudinger, BGB, 2017, § 823 Rn. B 124; *Wagner*, in: MünchKomm. BGB, 9. Aufl. 2024, § 823 Rn. 346 jeweils m.w.N.
62 *Pöttker* (Fn. 23), S. 67 m.w.N. Siehe dagegen den Vorschlag von *Köndgen*, UPR 1983, 345, 347–351, Umweltbelange zu „sonstigen Rechten" i.S.v. § 823 Abs. 1 BGB zu erklären.
63 *Fritzsche*, in: Hau/Poseck, BeckOK BGB, 69. Ed. 2024, § 1004 Rn. 16; *Raff*, in: MünchKomm. BGB, 9. Aufl. 2023, § 1004 Rn. 159; *Thole*, in: Staudinger, BGB, 2023, § 1004 Rn. 256 jeweils m.w.N.
64 Siehe Nachweise in voriger Fn.
65 Allgemein *Oetker*, in: MünchKomm. BGB, 9. Aufl. 2022, § 249 Rn. 109; im vorliegenden Zusammenhang auch bereits *Hellgardt/Jouannaud*, Nachhaltigkeitsziele und Privatrecht, AcP 222 (2022), 163, 192.

len Erderwärmung, also um extreme Hitze, Dürren, Überschwemmungen und andere Naturkatastrophen, die letztlich auf die Klimaveränderung zurückgeführt werden können.[66] Diese Gefahren werden aber nicht von Emittenten in gleicher Weise verursacht wie etwa giftige Dämpfe oder andere Immissionen. Vielmehr gelangt freigesetztes CO_2 in die Erdatmosphäre und erhöht das Rückhaltevermögen für infrarote Wärmestrahlung in der Troposphäre, was den natürlichen Treibhauseffekt potenziert und zum menschengemachten Klimawandel führt. Ähnlich wie in einem Treibhaus hält die durch CO_2-Emissionen veränderte unterste Schicht der Erdatmosphäre abstrahlende Wärme auf, die dann auf die Erde zurückstrahlt und diese weiter erhitzt.[67] CO_2-Emissionen sind langlebig, ihre klimaverändernden Wirkungen treten deshalb häufig erst mit erheblicher Verzögerung auf. Geht die unmittelbare Gefahr von Naturkräften aus, kommt eine Störerhaftung aber nur in Betracht, wenn die betreffende Person das schädliche Eingreifen der Naturkräfte ermöglicht.[68] Dieser Zusammenhang ist bei CO_2-Emissionen und Klimawandel sehr viel indirekter als etwa in dem Fall, dass jemand eine Hochwasserschutzanlage nicht richtig wartet und der Damm deshalb bricht. Auch wenn die Wissenschaft bei der Attribution von Klimafolgen erhebliche Fortschritte macht[69] und es daher möglich ist, das tatsächliche Klima an bestimmten Stellen der Welt mit dem *vergangenen* Emissionsverhalten einzelner Großemittenten in Verbindung zu bringen,[70] so lässt sich damit immer noch nicht mit an Sicherheit grenzender Wahrscheinlichkeit prognostizieren, in welcher Weise sich *zukünftige* Emissionen – deren genauen Ort bei sog. Scope 3-Emissionen,[71] etwa den Abga-

---

66 *IPCC* (Fn. 22), SPM-8 f.
67 Überblick zum Mechanismus unter https://de.wikipedia.org/wiki/Globale_Erwärmung.
68 *Fritzsche*, in: Hau/Poseck, BeckOK BGB, 69. Ed. 2024, § 1004 Rn. 22 m.w.N.
69 Darauf verweist *Schirmer*, NJW 2023, 113, 115.
70 Siehe dazu etwa *Stuart-Smith/Otto/Saad et al.*, Filling the evidentiary gap in climate litigation, Nature Climate Change 11 (2021), 651–655.
71 Die Einteilung von Emissionen in unterschiedliche Kategorien („Scopes") geht auf ein Bilanzierungswerk – das Greenhouse Gas Protocol (GHG Protocol) – zurück, welches Unternehmen ermöglichen soll, über ihre Treibhausgasemissionen nach einheitlichen Standards zu berichten. Das GHG Protocol wurde von den NGOs „World Resources Institute" und „World Business Council for Sustainable Development" erarbeitet und genießt weltweite Akzeptanz. Danach gelten als Scope 1-Emissionen solche, die aus eigenen Emissionsquellen des Unternehmens (etwa unternehmenseigenen Kraftwerken) stammen; Scope 2-Emissionen entstehen aus Energie, die das Unternehmen von außen bezieht, aber selbst nutzt, etwa Strom und Wärme aus Energiedienstleistungen; Scope 3-Emissionen sind sämtliche andere Emissionen,

sen der von dem in Anspruch genommenen Autohersteller produzierten Fahrzeugen, weder für den potentiellen Störer noch den Anspruchsteller vorhersehbar sind – innerhalb der Troposphäre verteilen und wo sie sich daher auf das lokale Klima auswirken werden. Es kann deshalb nicht bewiesen werden, dass die Emissionen eines konkreten Unternehmens mit an Sicherheit grenzender Wahrscheinlichkeit in Zukunft die Beeinträchtigung eines konkreten Rechtsguts verursachen werden. Allein die Feststellung, dass ein Emittent für die Veränderung des Weltklimas mitverantwortlich ist,[72] genügt nicht, um zu zeigen, dass er auch für die konkret drohende zukünftige Beeinträchtigung des Rechtsguts verantwortlich ist, selbst wenn auch diese drohende Beeinträchtigung feststeht. Es bleibt stets die nicht unwahrscheinliche Möglichkeit, dass die konkrete Beeinträchtigung durch andere Emissionen verursacht werden wird – und dies gilt spiegelbildlich für sämtliche andere Emittenten. Obwohl also feststeht, dass sämtliche zukünftige Emissionen eine Vielzahl von Rechtsbeeinträchtigungen verursachen werden, sind die konkreten zukünftigen Kausalketten aufgrund der Unvorhersehbarkeit der Luftbewegungen in der Troposphäre nicht hinreichend sicher zu prognostizieren, um einzelne zukünftige Emissionen bereits *ex ante* – zum Zeitpunkt der Geltendmachung des vorbeugenden Unterlassungsanspruchs – zukünftigen Beeinträchtigungen zuordnen zu können. Um die notwendige Quasi-Kausalität zu etablieren, wäre es erforderlich, den Emittenten gegenseitig ihre jeweiligen Verursachungsbeiträge zuzurechnen.[73]

Hinzu kommt, dass auch bei einem vorbeugenden Unterlassungsanspruch der *Störer* die Wahl hat, wie er die drohende Beeinträchtigung abwenden möchte. Bestimmte Handlung können nur verlangt werden, wenn es tatsächlich oder praktisch nur diese einzige Abhilfemaßnahme gibt.[74] Wenn aber etwa Verbrennungsmotoren auch mit klimaneutral gewonnenen E-Fuels betrieben werden können, stellt § 1004 Abs. 1 Satz 2 BGB keine hin-

---

die durch die Unternehmenstätigkeit verursacht werden, etwa bei Zulieferern oder Kunden/Endverbrauchern. Klimaschutzklagen zielen regelmäßig darauf ab, den verklagten Unternehmen Maßnahmen aufzuerlegen, welche Scope 3-Emissionen minimieren sollen, also solche, die lediglich indirekt verursacht werden, etwa durch die Produktion von Kraftfahrzeugen mit Verbrennungsmotor oder den Verkauf von Öl- oder Gasprodukten.

72 Vgl. *Schirmer*, JZ 2021, 1099, 1100.
73 Vgl. *Hellgardt/Jouannaud*, AcP 222 (2022), 163, 192.
74 *Fritzsche*, in: Hau/Poseck, BeckOK BGB, 68. Ed. 2023, § 1004 Rn. 103; *Spohnheimer*, in: BeckOGK BGB, Stand: 01.02.2024, § 1004 Rn. 274.

reichende Grundlage für ein Verbot des Inverkehrbringens solcher Kraftfahrzeuge dar. Da jeder Mensch in gewissem Umfang unvermeidlich CO_2 ausstößt, spricht zudem vieles dafür, ähnlich wie bei einem herkömmlichen mittelbaren Störer, eine Pflichtwidrigkeit der störungsbegründenden Handlung zu verlangen.[75] An dieser Stelle kommen dann wieder öffentlich-rechtliche Regelungen wie die EU-Flottengrenzwerte-Verordnung ins Spiel. Zwar schließt die Einhaltung öffentlich-rechtlicher Vorschriften nicht zwingend eine zivilrechtliche Pflichtverletzung aus.[76] Aber durch die enorm indirekte Kausalität der Klimaschäden kann kein Emittent als besonderer Gefährder eingestuft werden, an den man einen individuellen zivilrechtlichen Pflichtenmaßstab anlegen könnte. Es geht vielmehr immer um die Verursachung von CO_2-Emissionen, bei Scope 3-Emissionen sogar erst durch Nutzer der Produkte von den auf Unterlassung in Anspruch genommenen Unternehmen. In solchen Fällen bleiben nur öffentlich-rechtliche Produktstandards als haftungsrechtlicher Maßstab.

Aber selbst wenn man unterstellt, dass Störereigenschaft und Kausalität der Emissionen für die drohende Gefahr vorliegen, ist der Unterlassungsanspruch ausgeschlossen, wenn der Rechtsinhaber zur Duldung verpflichtet ist. Nach den Maßstäben des § 906 BGB kommt es darauf an, ob eine Beeinträchtigung wesentlich oder unwesentlich ist. Entscheidend ist hier, ob sich die Duldungspflicht auf den drohenden Zustand bezieht oder auf die zu unterlassene Handlung, also die CO_2-Emissionen bzw. das Inverkehrbringen von Produkten, die solche verursachen. Es ist offensichtlich, dass eine Überflutung, ein Hitzekollaps oder die dauerhafte Dürre von Ackerland wesentliche Beeinträchtigungen darstellen. Bei einem vorbeugenden Unterlassungsanspruch ist Bezugspunkt der Rechtswidrigkeit und damit der Duldungspflicht nach richtiger Ansicht aber allein die Handlung, deren Unterlassung begehrt wird.[77] Wenn noch keine Störung eingetreten ist und auch völlig unklar ist, wie diese *konkret* aussehen wird – etwa ob das betreffende Ackerland durch eine Überflutung oder durch eine Dürre geschädigt werden wird –, fehlt es an Kriterien, um über eine diesbezügliche Duldungspflicht entscheiden zu können. Auch an dieser Stelle kommt dann wieder das Öffentliche Recht ins Spiel, das etwa die Produktion von Kraftfahrzeugen mit Verbrennungsmotor oder die Förderung von Öl und Gas in einem gewissen Rahmen erlaubt. Da bereits *direkte* Immissionen zu

---

75 I.E. auch *Wagner* (Fn. 31), S. 65–71.
76 Siehe oben II.1. bei Fn. 29–31.
77 So überzeugend *Fritzsche*, in: Hau/Poseck, BeckOK BGB, 69. Ed. 2024, § 1004 Rn. 89.

dulden sind, wenn sie den gesetzlichen Anforderungen entsprechen (vgl. § 906 Abs. 1 S. 2 BGB), spricht vieles dafür, dass das auch hinsichtlich solcher Emissionen gilt, die eben nicht zu direkten Immissionen führen, sondern mittels einer langen Kausalkette *indirekt* Gefahren für die geschützten Rechtsgüter begründen.

Zusammenfassend lässt sich daher festhalten, dass das Zivilrecht kein Allheilmittel ist, um vermeintliche Defizite der öffentlich-rechtlichen Klimaschutzgesetzgebung auszugleichen. Einerseits greifen bei den entscheidenden Weichenstellungen dieselben Wertungen und Richtwerte wie im Öffentlichen Recht und andererseits ist es – jedenfalls bei auf zukünftiges Verhalten ausgerichteten Unterlassungsansprüchen – kaum möglich, rechtssicher eine höchstwahrscheinliche *zukünftige* Kausalbeziehung zwischen einem konkreten Emittenten und einem potentiellen „Klimaopfer" nachzuweisen.

V. Verfassungsrechtliche Vorgaben zur Effektuierung privater Klimaschutzklagen

Vor diesem Hintergrund soll nun untersucht werden, ob das verfassungsrechtliche Klimaschutzgebot eine Effektuierung der privaten Regulierungsinstrumente erfordert. Kann man – anders gewendet – aus der Verfassung auch Klimaschutzpflichten von Privaten ableiten, die über die öffentlich-rechtlichen Vorgaben hinausreichen und dazu zwingen, die Tatbestandsvoraussetzungen zivilrechtlicher Unterlassungsansprüche so zu gestalten, dass ein wirksamer Klimaschutz möglich wird? Um das zu beantworten, muss kurz das Verhältnis von staatlicher und privater Klimaschutzverantwortung konkretisiert werden.

1. Rangverhältnis staatlicher und privater Klimaschutzverantwortung

Jeder Mensch trägt zu klimaschädlichen CO_2-Emissionen bei, indem wir Autos mit Verbrennungsmotor fahren, Flugreisen unternehmen oder unsere Energie und Wärme aus Anlagen gewinnen, die Gas oder Kohle verbrennen. Nun gilt der Grundsatz, dass jeder, der eine Gefahr verursacht, dafür auch rechtlich verantwortlich ist. Die Besonderheit des Klimawandels besteht aber darin, dass es sich um ein globales Phänomen handelt, zu dem unglaublich viele Menschen in der Gegenwart und Vergangenheit beigetragen haben und dessen Gefährlichkeit sich erst aus der Addition all dieser Beiträge ergibt. Wie eben dargestellt, hat das zur Folge, dass es nach den herkömmlichen Maßstäben des Zivilrechts schwierig ist, selbst sehr große CO_2-Emittenten für ihre zukünftigen Verursachungsbeiträge individuell zur Verantwortung zu ziehen. Es ist deshalb folgerichtig, dass Art. 20a GG – und auf internationaler Ebene auch das Pariser Abkommen – die originäre Klimaschutzverantwortung auf staatlicher Ebene verortet. Geht es, wie beim Klimawandel, um ein enormes Koordinationsproblem,[78]

---

78 Vgl. *Wagner* (Fn. 31), S. 112.

rechtfertigt es die notwendige Zentralisierung, dem Staat den Klimaschutz als Staatsziel vorzugeben.[79]

Wenn der Gesetzgeber in Erfüllung dieses Staatsziels Klimaschutzgesetze verabschiedet, werden dadurch den Privaten Pflichten auferlegt oder Anreize gesetzt, ihr Verhalten klimafreundlicher zu gestalten. Insoweit kann man von einer sekundären Klimaschutzverantwortung Privater nach Maßgabe des einfachen Rechts sprechen.[80] Es handelt sich aber eben nur um eine sekundäre Verantwortung, weil die Privaten dadurch nicht verpflichtet werden, die Vorgaben von Art. 20a GG in seiner durch das Pariser Abkommen konkretisierten Form zu erreichen.

2. Verstärkung der Regulierungswirkung des Privatrechts bei staatlichem Klimaschutzversagen

Die entscheidende Frage ist, was passiert, wenn der Staat in Gestalt des Gesetzgebers seiner primären Klimaschutzverantwortung nicht gerecht wird. Das Bundesverfassungsgericht hat mehrfach Verfassungsbeschwerden wegen vermeintlicher gesetzgeberischer Untätigkeit abgewiesen und dabei ausgeführt, dass die derzeit zugelassenen Gesamtemissionen sich noch im Rahmen der Pariser Vorgaben bewegten.[81] Wenn man dieser Einschätzung folgt, liegt derzeit noch keine Verletzung der primären Klimaschutzverantwortung vor. Zu einer solchen könnte es aber in den nächsten Jahren kommen, wenn die konkreten Reduktionsziele verfehlt[82] oder sich als zu

---

79 Siehe nur *Calliess*, in: Dürig/Herzog/Scholz (Hrsg.), GG, Stand: 103. EL 2024, Art. 20a Rn. 4; *Rux*, in: BeckOK GG, 57. Ed. Stand: 2024, Art. 20a Rn. 8.
80 Siehe zum Ganzen auch *Hellgardt*, Privatrechtliche Haftung unter höherrangigen Einwirkungen, in: O'Hara/Grosse-Wilde, Zurechnung bei staatlichem Unterlassen (im Erscheinen), sub. IV.3.
81 BVerfG, Beschl. vom 18.1.2022 – 1 BvR 1565/21 u.a., NJW 2022, 844, 846; BVerfG, Beschl. v. 15.12.2022 – 1 BvR 2146/22, NVwZ 2023, 158, 159.
82 Siehe allerdings RegE eines Zweiten Gesetzes zur Änderung des Bundes-Klimaschutzgesetzes, BT-Drucks. 20/8290. Danach soll das bisherige System der Ressortverantwortung für die einzelnen Sektoren (siehe oben III.1.) zugunsten einer sektorübergreifenden und mehrjährigen Gesamtrechnung aufgegeben werden. Dies wäre eine Abkehr vom bisherigen Ansatz, Reduktionsziele jahresgenau und für einzelne Sektoren zu überwachen. Einer engen rechtlichen Kontrolle der staatlichen Klimaschutzpolitik, wie sie jüngst das OVG Berlin-Brandenburg vorgenommen hat (vgl. Nachweis in Fn. 2), wäre damit der Boden entzogen. Dies birgt die naheliegende Gefahr, dass die Erfüllung der Gesamtreduktionsvorgaben, die nach wie vor gelten würden, verfehlt werden.

2. Verstärkung der Regulierungswirkung bei staatlichem Klimaschutzversagen

wenig ambitioniert erweisen sollten, um das Ziel des Pariser Abkommens zu erreichen.

Dann stellt sich die Frage, ob neben dem Gesetzgeber auch Private *direkt* in die Pflicht genommen werden können, die Vorgaben von Art. 20a GG umzusetzen. Versagt der Staat bzw. der Gesetzgeber, könnte es verfassungsrechtlich geboten sein, privatrechtliche Klimaschutzinstrumente so zu effektuieren, dass die primären Klimaschutzziele doch noch erreicht werden können. Neben die sekundäre träte dann also eine primäre private Klimaschutzverantwortung ähnlich der des Staates.[83] Fraglich ist, ob es eine solche primäre private Klimaschutzverantwortung als Grundlage einer Effektuierung zivilrechtlicher Regulierungsinstrumente gibt.[84] Als Grundlage dafür erscheinen insbesondere drei Modelle denkbar.

Zunächst könnte man an eine Drittwirkung von Grundrechten denken. Das Bundesverfassungsgericht hat im Klimaschutzbeschluss die Rechtsfigur der eingriffsähnlichen Vorwirkung geschaffen. Die Grundrechte seien schon jetzt im Wege einer Vorwirkung beeinträchtigt, wenn der Staat seiner Klimaschutzverantwortung nicht gerecht wird und daher in Zukunft völlig übermäßige Anstrengungen drohen, um die Vorgaben des Pariser Abkommens doch noch erfüllen zu können.[85] Insbesondere die Deutsche Umwelthilfe hat versucht, hierauf eine Drittwirkung des Allgemeinen Persönlichkeitsrechts zu stützen.[86] Dieser Ansatz ist aber nicht weiterführend,

---

83 Siehe dazu allgemein *Hellgardt* (Fn. 80), sub. IV.2.
84 Kritisch etwa *Abel*, NJW 2023, 2305, 2309, der auf die Notwendigkeit eines „systemischen Transformationsansatzes" verweist. Dies ist zweifellos richtig, führt aber nur begrenzt weiter, wenn der Gesetzgeber seiner Verantwortung zur Initiierung einer solchen Transformation nicht nachkommt. Offener dagegen *Gruber*, Die Cupola im Anthropozän: Klimahaftungsklagen der Zukunft, JZ 2023, 417, 419.
85 BVerfGE 157, 30, 130–175.
86 Siehe z.B. im Rahmen der Klage gegen BMW LG München I, BeckRS 2023, 2861 Rn. 20: „Es drohe ein Eingriff in ihr [der drei Kläger; A.H.] Allgemeines Persönlichkeitsrecht, nicht nur in ihre allgemeine Handlungsfreiheit: Das Allgemeine Persönlichkeitsrecht habe die Aufrechterhaltung der Grundbedingungen sozialer Beziehungen zwischen dem Grundrechtsträger und seiner Umwelt zum Ziel. Es solle die Grundbedingungen dafür absichern, dass die einzelne Person ihre Individualität selbstbestimmt entwickeln und wahren kann. Die Aufrechterhaltung und Sicherung der Grundbedingungen für soziale Beziehungen würden notwendig elementare materielle Handlungsmöglichkeiten einschließen, wie die Möglichkeit der elektronischen Kommunikation, die Möglichkeit, über Zeitung, Fernsehen, Radio und Internet, an Informationen zu gelangen und die Möglichkeit, mithilfe von Verkehrsmitteln Familie und Freunde zu besuchen und von ihnen besucht zu werden. Die genannten Möglichkeiten würden derart stark beschnitten, dass zwischenmenschliche Kommunikation oder Begegnungen unzumutbar erschwert oder unmöglich würden." Ein

denn die Rechtsfigur der eingriffsähnlichen Vorwirkung beruht auf der Globalverantwortung dafür, das nationale Gesamtbudget der noch möglichen Emissionen nicht zu überschreiten.[87] Eine solche Globalverantwortung kommt aber einzelnen Privaten grundsätzlich nicht zu. Diese können immer nur verpflichtet sein, den ihnen möglichen Beitrag zu einer Emissionsreduktion zu leisten. Sofern die angegriffenen Emissionen des konkreten Privaten nicht höher sind als das gesamte nationale Restbudget, lässt sich die staatsgerichtete eingriffsähnliche Vorwirkung gegenüber Privaten daher nicht operationalisieren.[88]

Dogmatisch naheliegender wäre es daher, eine Drittwirkung von Art. 20a GG anzunehmen. Denkbar ist zunächst eine unmittelbare Drittwirkung. Vorbild für eine solche Konstruktion könnte eine direkte Menschenrechtsverpflichtung sein, wie sie im Business & Human Rights Diskurs für multinationale Großunternehmen entwickelt wird.[89] Grundlage ist in beiden Fällen ein Staatsversagen. Die Menschenrechtsbindung innerhalb von Konzernen und Lieferketten wird damit gerechtfertigt, dass Entwicklungs- und Schwellenländer daran scheiterten, ihre lokalen Arbeitskräfte, Communities und Umweltbelange wirksam vor der faktisch-wirtschaftlichen Macht internationaler Großkonzerne zu schützen. Parallel dazu könnte man argumentieren, dass westliche Industrienationen die Belange der Umwelt und künftiger Generationen zu wenig vor den ressourcenverschwenderischen Interessen der derzeitigen Wohlstandswähler

---

früher Versuch, das Allgemeine Persönlichkeitsrecht für Umweltschutzbelange zu mobilisieren, findet sich bereits bei *Forkel,* Immissionsschutz und Persönlichkeitsrecht, 1968, 24–34, 47–52.

87 Vgl. BVerfG, NJW 2022, 844, 845: „Dabei muss sich die Verfassungsbeschwerde grundsätzlich gegen die Gesamtheit der zugelassenen Emissionen richten […], weil regelmäßig nur diese, nicht aber punktuelles Tun oder Unterlassen des Staates die Reduktionslasten insgesamt unverhältnismäßig auf die Zukunft verschieben könnte."

88 Auch wenn bei einem stark reduzierten nationalen Restbudget zukünftig etwa die erwartete Jahresemissionsmenge eines bestimmten Unternehmens dieses gesamtstaatliche Restbudgets übersteigen würde, ließe sich aus der Rechtsfigur der eingriffsgleichen Vorwirkung nicht ableiten, welche zulässige Emissionsmenge dem Störer noch rechtmäßig zur Verfügung steht. Für die Annahme, dass jegliche Emissionen zu unterlassen seien, fehlt die dogmatische Grundlage.

89 Siehe z.B. *Ratner,* Corporations and Human Rights: A Theory of Legal Responsibility, 111 Yale L. J. 443 (2001); *López Latorre,* In Defence of Direct Obligations for Businesses Under International Human Rights Law, Business and Human Rights Journal 5 (2020), 56; die UN Guiding Principles on Business and Human Rights (2011) sprechen dagegen im Comment zum Principle No. 11 nur von einem „global standard of expected conduct".

2. Verstärkung der Regulierungswirkung bei staatlichem Klimaschutzversagen

und karbonisierten Industrie schützten. In beiden Fällen ist die rechtliche Argumentation aber nicht überzeugend. Der Umstand, dass jemand seine Pflichten nicht erfüllt, führt nicht dazu, dass nun wie von Zauberhand ein Dritter verpflichtet wäre, das Defizit auszugleichen. Art. 20a GG adressiert – ähnlich wie Art. 1 Abs. 3 GG hinsichtlich der Grundrechte ausführt – allein den Staat bzw. die drei Staatsgewalten. Wenn Staatsversagen im Bereich der Legislative und Exekutive das Problem ist, scheint es keine gute Idee, Lösungen im Bereich des gerichtlichen Aktivismus zu suchen. Das mag das Symptom bekämpfen, nicht aber das eigentliche Staatsversagen, das sich auf politischer Ebene abspielt und ein grundlegendes Umdenken der politisch Verantwortlichen erfordert. Speziell im Klimabereich könnte man allerdings mit den unumkehrbaren Folgen der Erderwärmung argumentieren.[90] Demnach hätten wir schlicht keine Zeit, zuerst den Staat zu reformieren, weil dann entscheidende Kipppunkte überschritten sein könnten. Der Slogan „there is no planet B"[91] bringt dies auf den Punkt. Daher soll an dieser Stelle die Möglichkeit einer unmittelbaren Drittwirkung von Art. 20a GG nicht vollständig ausgeschlossen werden. Vielmehr sollen später (unter VI.2.) die Folgen einer solchen Konstruktion analysiert und dabei gezeigt werden, dass die unmittelbare Drittwirkung nicht nur schwerwiegenden dogmatischen Bedenken begegnet, sondern auch praktisch nicht für den Klimaschutz operationalisierbar wäre.

Die dritte Möglichkeit ist eine mittelbare Drittwirkung von Art. 20a GG.[92] Naheliegendes Vorbild einer solchen Drittwirkung ist die mittelbare Drittwirkung der Grundrechte, wie sie in Deutschland seit dem *Lüth*-Urteil[93] praktiziert wird. Der ebenso naheliegende Einwand lautet, dass die Grundrechte subjektiv-öffentliche Rechte sind, während Art. 20a GG eine Staatszielbestimmung ist. Allerdings ist daran zu erinnern, dass die mittelbare Drittwirkung nach der Rechtsprechung des Bundesverfassungsgerichts Teil der objektiv-rechtlichen Dimension der Grundrechte

---

90 Zu diesen *IPCC* (Fn. 22), SPM-21.
91 Dieser Slogan wurde geprägt von dem Comedian und Autor *Rob Newman*. Er wurde populär durch ein gleichnamiges Buch von *Mike Berners-Lee*, das 2019 erschien; https://en.wiktionary.org/wiki/there_is_no_Planet_B.
92 Für eine mittelbare Drittwirkung von Art. 20a GG bereits *Hellgardt/Jouannaud*, AcP 222 (2022), 163, 198–200; *Hellgardt* (Fn. 80), sub. IV.2.; im Ergebnis auch *Gsell*, Kauf- und deliktsrechtliche Haftung für das nachhaltigkeitsfehlerhafte Produkt als Schaden, ZHR 187 (2023), 392, 397; anders aber die (noch) h.M., siehe nur *Schulze-Fielitz*, in: Dreier, GG, 3. Aufl., 2015, Art. 20a Rn. 66 m.w.N.
93 Grundlegend BVerfG, Urt. v. 15.01.1958 – 1 BvR 400/51, BVerfGE 7, 198, 204 ff.

ist.⁹⁴ Die Grundrechte begründen eben kein unmittelbares Rechte-Pflichten-Verhältnis zwischen Privaten, sondern erlangen ihre Wirkung innerhalb des bestehenden Zivilrechts. In gleicher Weise bringt das Bundesverfassungsgericht Staatszielbestimmungen wie das Sozialstaatsprinzip in Stellung, das etwa in der berühmten Bürgschaftsentscheidung eine wesentliche Rolle spielte, um die verfassungsrechtliche Pflicht zum Ausgleich struktureller Unterlegenheit zu begründen.⁹⁵ Da Nachhaltigkeit im Klimabereich nur erreicht werden kann, wenn auch Private einen wesentlichen Teil dazu beitragen, ist es naheliegend, dass auch Art. 20a GG auf die Privatrechtsordnung ausstrahlt. Dies ist dogmatisch ebenso gut begründbar wie die mittelbare Drittwirkung der Grundrechte; Anknüpfungspunkt ist insbesondere die in Art. 20a GG angesprochene Rechtsprechung, die eben nicht nur an das Gesetz, sondern auch an das „Recht" und damit an die staatliche Klimaschutzverantwortung gebunden ist.

---

94 So bereits BVerfGE 7, 198, 205; siehe zudem beispielhaft *Sauer*, in: Dreier, GG, 4. Aufl. 2023, Vor Art. 1 Rn. 108–114.
95 BVerfG, Beschl. v. 19.10.1993 – 1 BvR 567/89, 1044/89, BVerfGE 89, 214, 232.

VI. Möglichkeiten und Grenzen verfassungsrechtlich effektuierter privater Klimaschutzklagen

Wenn also Art. 20a GG grundsätzlich das Potential hat, zivilrechtliche Klimaklagen zu effektuieren, stellt sich als nächstes die Frage, auf welchem dogmatischen Weg eine Einwirkung auf zivilrechtliche Regulierungsinstrumente begründet werden kann.

Ganz wichtig ist dabei aber folgende Klarstellung: Der Wechsel von der sekundären (einfachgesetzlich ausgestalteten) zur primären (aus Art. 20a GG abgeleiteten) Klimaschutzverantwortung findet erst dann statt, wenn der Staat es versäumt, spezialgesetzlich die hinreichenden Voraussetzungen dafür zu schaffen, die Reduktionsziele des Pariser Klimaschutzabkommens zu erreichen. Solange der Gesetzgeber seine Klimahausaufgaben macht und hinreichende Regulierungsinstrumente erlässt, reicht es aus, diese konsequent anzuwenden.[96] Das Wesen der Drittwirkung besteht primär darin, dass der *Gesetzgeber* die verfassungsrechtlichen Vorgaben im einfachen Recht realisiert.[97] Deshalb muss das Klimaschutzziel im Rahmen der historischen oder teleologischen Auslegung in die Gesetzesanwendung einfließen. Ein darüber hinausreichender Rückgriff der Gerichte direkt auf Art. 20a GG ist dagegen entbehrlich. Auch die Drittwirkung der Grundrechte realisiert sich erst dann im Wege einer verfassungskonformen Korrektur des Gesetzesrechts, wenn *dieses* die Grundrechtspositionen nicht hinreichend berücksichtigt hat. Dieser Kipppunkt ist beim Klimaschutz erreicht, wenn der Staat seiner Klimaschutzverantwortung nicht mehr gerecht wird, wenn die bestehenden Gesetze also offensichtlich nicht ausreichen, um das verfassungsrechtlich vorgegebene Klimaschutzziel zu erreichen.[98] Konkret geht es dann darum, durch gerichtlichen Rückgriff auf Art. 20a GG die zukünftigen Emissionen so zu reduzieren, dass die verfassungsrechtlich verankerten Reduktionsziele doch noch erreicht werden können.

---

96 In diese Richtung auch BVerfG, NVwZ 2023, 158, 159.
97 Siehe nur *Canaris*, Grundrechte und Privatrecht, 1999, S. 11–23.
98 Vgl. BVerfG, NJW 2022, 844, 845.

VI. Möglichkeiten und Grenzen privater Klimaschutzklagen

1. Das Potential einer mittelbaren Drittwirkung von Art. 20a GG

Vor diesem Hintergrund soll zunächst das Potential einer mittelbaren Drittwirkung ausgelotet werden. Das Ziel einer solchen Ausstrahlung von Art. 20a GG auf das einfache Zivilrecht besteht darin, zukünftige Emissionen über das spezialgesetzlich, d.h. öffentlich-rechtlich vorgegebene Ausmaß hinaus zu begrenzen.

Anknüpfungspunkt einer mittelbaren Drittwirkung können zunächst die Kriterien für die Schutzgesetzeigenschaft von Klimaschutzgesetzen sein, etwa § 40 Abs. 1 Satz 1 BImSchG als Grundlage für LKW-Durchfahrtverbotszonen. Regelungen, die wie Fahrverbote, Geschwindigkeitsbegrenzungen und ähnliches primär umweltpolitische Ziele verfolgen, können im Lichte von Art. 20a GG bei einer gesetzgeberischen Vernachlässigung der Klimaschutzverantwortung durchaus verfassungskonform als individualschützend ausgelegt werden.[99] Auf diese Weise lässt sich das geltende Umweltrecht zwar nicht verschärfen, aber weitaus effektiver und umfassender durchsetzen. Die dadurch zu erzielenden Klimaschutzeffekte dürften einer Gesetzesverschärfung häufig gleichkommen.[100]

Noch wichtiger sind aber die Potentiale der mittelbaren Drittwirkung für den Schutz privater Rechtsgüter wie Gesundheit oder Eigentum. Oben wurde (unter IV.2.) gezeigt, dass Unterlassungsansprüche hier insbesondere daran scheitern, dass sich die Kausalität der Emissionen für konkrete Extremwetterereignisse in der Zukunft und damit die Störereigenschaft des Emittenten nicht beweisen lassen, und dass das Verhalten der Emittenten nicht pflicht- bzw. rechtswidrig ist, weil es auf staatlichen Genehmigungen beruht bzw. gesetzlichen Grenzwerten entspricht. Wenn sich die primäre Klimaschutzverantwortung Privater aktualisiert, muss § 1004 BGB verfassungskonform so ausgelegt werden, dass eine effektive Rechtsdurchsetzung möglich wird. Dabei ist hervorzuheben, dass allein die Einhaltung der – annahmegemäß in diesem Szenario insuffizienten – öffentlich-rechtlichen Vorgaben nicht von der Haftung befreien kann. Dies ist ein Fall, in dem von Verfassungs wegen im Zivilrecht durchweg strengere Maßstäbe zu gelten haben. Auch hinsichtlich der Duldungspflicht gilt, dass öffentlich-rechtliche Vorgaben, die im Lichte von Art. 20a GG ungenügend sind,

---

99 So besteht nach Unionsrecht bereits ein Anspruch auf Erlass von Luftreinhalteplänen, wenn die Immissionsgrenzwerte überschritten werden; grundlegend EuGH, Urt. v. 25.07.2008, Rs. C-237/07 (Janecek), ECLI:EU:C:2008:447.
100 Siehe dazu bereits oben IV.1. bei Fn. 55

eine dann konkret drohende *wesentliche* Beeinträchtigung der geschützten Rechtsgüter nicht ausschließen. Das Kernproblem besteht aber im Bereich der Kausalität. Hier kann die verfassungskonforme Auslegung eine Proportionalhaftung in Analogie zu § 830 Abs. 1 Satz 2 BGB begründen. Dann werden die Verursachungsbeiträge den Emittenten gegenseitig zugerechnet, ihre eigene Haftung gegenüber jedem Beeinträchtigten wird aber auf den eigenen Verursachungsanteil beschränkt.[101] Im Rahmen der negatorischen Haftung läuft dies auf eine Pflicht hinaus, weitere potentiell klimaschädlichen CO_2-Emissionen zu unterlassen, weil von diesen konkrete Gefahren für die Rechtsgüter des Rechteinhabers ausgehen. Dabei gelten allerdings die allgemeinen Grenzen, so dass die Unterlassung nicht verlangt werden kann, soweit dies unmöglich oder schikanös ist.[102] So lassen sich etwa CO_2-Emissionen durch Atemluft nicht vermeiden und zu weitreichende Eingriffe, etwa in die Bewegungsfreiheit der vom ÖPNV abgeschnittenen Bevölkerung, führten zu unverhältnismäßigen Grundrechtseingriffen und wären daher schikanös. Durch diese ohnehin in § 1004 BGB angelegten Voraussetzungen lässt sich auch das Doomsday-Szenario von Unterlassungsansprüchen „jeder gegen jeden"[103] verhindern.

Aufgrund dieser verfassungsrechtlich indizierten Anpassungen sollten im Falle einer gesetzgeberischen Vernachlässigung der primären Klimaschutzverantwortung Unterlassungsansprüche analog § 1004 BGB gegen große CO_2-Emittenten weitaus einfacher und flächendeckender durchzusetzen sein.[104]

---

101 Dazu (als Option *de lege ferenda*) bereits *Hellgardt/Jouannaud*, AcP 222 (2022), 163, 193.
102 Dazu *Fritzsche*, in: Hau/Poseck, BeckOK BGB, 69. Ed. 2024, § 1004 Rn. 105, 78–81.
103 So die Befürchtung von *Wagner*, in: MünchKomm. BGB, 9. Aufl. 2024, § 823 Rn. 1190.
104 Für eine ausgewogene Betrachtung der Möglichkeiten und Grenzen des Haftungsrechts, die menschengemachte Erderwärmung zu stoppen, siehe jüngst die Entscheidung des Supreme Court of New Zealand in Sachen Smith v Fonterra, [2024] NZSC 5 at 155: „Climate change was described to us as an existential crisis, and the respondents would have it that its range and diffuse and disparate causes exceed the capacity of the common law for response. The Court of Appeal appeared to share that view. Another assessment, that might arise after the benefit of evidence and a full trial, may be that climate change is different in scale, but a consequence of a continuum of human activities that may or may not remain lawful depending on whether the harm they cause to others is capable of assessment and attribution."

VI. Möglichkeiten und Grenzen privater Klimaschutzklagen

2. Das Potential einer unmittelbaren Drittwirkung von Art. 20a GG

Bereits die systemkonforme mittelbare Drittwirkung hat daher erhebliches Klimaschutzpotential. Vor diesem Hintergrund stellt sich die Frage, welche weitergehenden Effekte sich überhaupt noch durch eine unmittelbare Drittwirkung von Art. 20a GG[105] erzielen ließen. Die wesentliche Novität läge darin, dass Art. 20a GG in seiner durch das Pariser Abkommen konkretisierten Form direkt zwischen Privaten Anwendung finden könnte. Das würde bedeuten, dass auf Klägerseite keine drohende Rechtsgutsbeeinträchtigung mehr darzulegen wäre und die damit zusammenhängenden Nachweisprobleme hinsichtlich der zukünftigen kausalen Verursachung gerade durch den in Anspruch genommenen Emittenten entfielen.[106] Inhalt des vorbeugenden Unterlassungsanspruchs etwa nach §§ 1004, 823 Abs. 2 BGB i.V.m. Art. 20a GG wäre es, alles zu unterlassen, was die Erreichung der Pariser Klimaschutzziele gefährdet. Damit würden Private anstelle des Staates einzelnen anderen Privaten Klimaschutzpflichten auferlegen, aber eben im Wege der Individualklage anstatt in generell-abstrakter Gesetzesform.

Allerdings ist zu bedenken, dass sich beklagte Private, etwa Wirtschaftsunternehmen, ihrerseits auf Grundrechte wie die Eigentums- und Berufsfreiheit berufen können.[107] Eine Inanspruchnahme direkt aus Art. 20a GG müsste im Rahmen der Verhältnismäßigkeitsprüfung insbesondere die Erforderlichkeitsschwelle nehmen.[108] Dazu müsste im Rahmen einer „Alternativenprüfung"[109] gezeigt werden, dass keine milderen Mittel zur Verfügung stehen, um dieselbe Emissionsreduktion zu erreichen. Dies bedeutet, dass die direkte Inanspruchnahme des konkreten Privaten der einzige Weg sein darf, der Klimaschutzverantwortung noch gerecht zu werden. So ist etwa die Verpflichtung, eine treibhausgasintensive Produktionsstätte einzustellen, nur dann erforderlich, wenn der CO_2-Ausstoß im Verhältnis zur dadurch ermöglichten Produktion besonders ineffizient ist. Ansonsten gäbe

---

105 Zu den dogmatischen Bedenken gegen eine solche Konstruktion siehe oben V.2. bei Fn. 89–91.
106 Ähnlich wäre das Ergebnis, wenn man Klagen von ganzen „Kollektiven" zulassen würde, dafür etwa *Gruber*, JZ 2023, 417, 427 f.
107 Zur beidseitigen Grundrechtsträgerschaft im Fall der klassischen Drittwirkung von Grundrechten siehe nur *Canaris* (Fn. 97), S. 23.
108 Ausführlich zur mehrpoligen Verhältnismäßigkeitsprüfung bei Art. 20a GG einschließlich der Kopplung mit Grundrechten *Calliess*, in: Dürig/Herzog/Scholz (Hrsg.), GG, Stand: 103. EL 2024, Art. 20a Rn. 175–179.
109 *Calliess*, Rechtsstaat und Umweltstaat, 2001, S. 592–600.

es andere alternative Adressaten, die durch eine Unterlassungspflicht weniger in ihren Grundrechten beeinträchtigt würden.

Eine unmittelbare Drittwirkung von Art. 20a GG und letztlich der Vorgaben des Pariser Abkommens steht also vor der schwierigen Herausforderung, ein Ziel, das für die gesamte Welt geschaffen wurde, ohne zwischengeschaltete politische Instanz und ohne Anknüpfungspunkte im einfachen Privatrecht, wie die (drohende) Verletzung absolut geschützter Rechtsgüter, in seinen Konsequenzen für die Handlungspflichten einzelner privater Wirtschaftsunternehmen zu konkretisieren. Nimmt man den Grundrechtsschutz und damit die Erforderlichkeitsschwelle ernst, scheint dies eine schier unlösbare Aufgabe zu sein.

Diese kurze Skizze einer direkten Drittwirkung von Art. 20a GG sollte zeigen, dass das scheinbare Maximum in der Realität häufig eher kontraproduktiv wirkt. Indem durch eine unmittelbare Drittwirkung die einfache Rechtsordnung letztlich vollständig zur Seite geschoben und alles in eine Abwägung von Klimaschutz und Grundrechten verlagert würde, potenzierte sich das Koordinationsproblem, das globale Herausforderungen wie den Klimaschutz ohnehin auszeichnet. Eine unmittelbare Drittwirkung von Art. 20a GG ist daher nicht nur rechtsdogmatisch kaum zu begründen, sondern würde auch keinen gangbaren Ausweg aus der Klimakrise bieten.

VII. Fazit

Wir stehen bei den Klimaschutzklagen erst am Anfang. In den nächsten Jahren wird es davon eine ganz Flut geben, insbesondere wenn einzelne Landgerichte einmal solchen Klagen stattgeben sollten. Die dadurch zu erzielende Wirkung ist aber sehr begrenzt, solange wir an den Grundregeln des allgemeinen Zivilrechts festhalten.

Eine Abweichung von diesen Grundregeln ist nicht ausgeschlossen. Sie kommt aber erst dann in Betracht, wenn der Staat seiner primären Klimaschutzverantwortung nicht mehr gerecht wird. Dann droht eine Situation, in der ohne Eingreifen weiterer Instanzen wie der Zivilgerichte die verfassungsrechtlich vorgegebenen Klimaschutzvorgaben endgültig verfehlt werden könnten. Zwar ist auch in einer solchen Situation primär die staatliche Klimaschutzverantwortung durchzusetzen, etwa im Wege der Durchsetzung des aus Art. 20a GG folgenden Regelungsauftrags gegen den Gesetzgeber.[110] Ein solches Vorgehen ist allerdings zeitaufwändig. Da Ansprüche gegen den Gesetzgeber nach den hohen Hürden, die das Bundesverfassungsgericht aufgestellt hat, erst möglich sind, wenn eine Verfehlung der Emissionsvorgaben kaum noch zu verhindern ist, kommt eine durch Kläger erzwungene gesetzgeberische Reaktion aller Wahrscheinlichkeit nach zu spät. In einem solchen Szenario kann es gerechtfertigt sein, verfassungsrechtliche Klimaschutzvorgaben aus Art. 20a GG auch ohne weitere gesetzliche Vermittlung im Rahmen privatrechtlicher Regulierungsinstrumente fruchtbar zu machen. Eine Rechtfertigung, geschweige denn Notwendigkeit dafür, das Privatrecht gänzlich zur Seite zu schieben und Art. 20a GG direkt und unmittelbar zwischen Privaten anzuwenden, gibt es aber auch in einem solchen Fall nicht. Vielmehr bieten die Regulierungsinstrumente des Privatrechts hinreichend Anknüpfungspunkte dafür, im Wege einer mittelbaren Drittwirkung effektuiert zu werden. Auch eine solche mittelbare Drittwirkung wäre aber eindeutig eine *second best solution*. Viel besser wäre es, wenn der Staat seiner primären Klimaschutzverantwortung gerecht würde, auch wenn bzw. gerade weil dann die Rolle des Zivilrechts beim Klimaschutz begrenzt bliebe.

---

110 Dazu *Hellgardt* (Fn. 80), sub. V.

Schriften der Juristischen Studiengesellschaft Regensburg e.V.

Lieferbar:

Heft 33: **Büttner · Berufung und Revision**
Zivilprozessuale Rechtsmittel im Wandel
Von RA Dr. Hermann Büttner
2010. 33 Seiten. Kart. € 11,-
ISBN 978-3-8329-5902-9

Heft 34: **Knapp ·**
Europarecht und Vertragsgestaltung
Von Dr. Andreas Knapp
2011. 69 Seiten. Brosch. € 19,-
ISBN 978-3-8329-6409-2

Heft 35: **Lutz · Patentschutz**
im Bereich der Biotechnologie
Von Raimund Lutz
2013. 27 Seiten. Kart. € 11,-
ISBN 978-3-8487-0966-3

Heft 36: **Roth · Symposium**
„50 Jahre Schumannsche Formel"
Von Prof. Dr. Herbert Roth
2014. 116 Seiten. Brosch. € 29,-
ISBN 978-3-8487-0810-9

Heft 37: **Kühling · Die Europäisierung**
des Datenschutzrechts
Von Prof. Dr. Jürgen Kühling
2014. 36 Seiten. Kart. € 14,-
ISBN 978-3-8487-1277-9

Heft 38: **Huber ·**
Das Spannungsverhältnis von Volks- und Parlamentsgesetzgebung in Bayern
PräsBayVerfGH u PräsOLG Dr. Karl Huber
2014. 39 Seiten. Kart. € 18,-
ISBN 978-3-8487-1603-6

Heft 39: **Löhnig ·**
Früher hatten Eltern viele Kinder
- heute haben Kinder viele Eltern
Von Prof. Dr. Martin Löhnig
2015. 31 Seiten. Kart. € 9,-
ISBN 978-3-8487-2189-4

Heft 40: **Walter ·**
Strafe und Vergeltung – Rehabilitation und Grenzen eines Prinzips
Von Prof. Dr. Tonio Walter
2016. 21 Seiten. Kart. € 12,-
ISBN 978-3-8487-3287-6

Heft 41: **Rennert · Hannah Arendt,**
das Asylrecht und die Menschenwürde
Von Prof. Dr. Klaus Rennert
2017. 31 Seiten. Kart. € 19,-
ISBN 978-3-8487-4346-9

Heft 42: **Heese · Die Funktion**
des Insolvenzrechts im Wettbewerb
der Rechtsordnungen
Von Prof. Dr. Michael Heese, LL.M.
2018. 101 Seiten. Kart. € 26,-
ISBN 978-3-8487-5054-2

Heft 43: **Küspert · Die parlamentarische**
Kontrolle des Regierungshandelns in der
Rechtsprechung des Bayerischen
Verfassungsgerichtshofs
Von PräsBayVGH Peter Küspert
2018. 44 Seiten. Kart. € 19,-
ISBN 978-3-8487-5440-3

Heft 44: **Maihold · Bankentgelte –**
AGB-Kontrolle in der Rechtsprechung
des Bundesgerichtshofs
Von RiBGH Dieter Maihold
2019. 67 Seiten. Brosch. € 29,-
ISBN 978-3-8487-5934-7

Heft 45: **Schlegel ·**
Abhängige Beschäftigung –
ein Auslaufmodell?
Von PräsBSG Prof. Dr. Rainer Schlegel
2020. 31 Seiten. Brosch. € 19,-
ISBN 978-3-8487-6527-0

Heft 46: **Manssen ·**
Der Rechtsstaat und sein Missbrauch
Von Prof. Dr. Gerrit Manssen
2020. 34 Seiten. Brosch. € 19,-
ISBN 978-3-8487-6527-0

Heft 47: **Uerpmann-Wittzack ·**
Der Angriff auf die Ukraine:
Eine Zeitenwende?
Von Prof. Dr. Robert Uerpmann-Wittzack
2022. 40 Seiten. Brosch. € 19,-
ISBN 978-3-7560-0504-8

Nomos

Nomos Verlagsgesellschaft · Baden-Baden